SUR
LA LOI DES ÉLECTIONS,

PAR HENRY SAINT-SIMON,

A PARIS,

Chez Corréard, libr., Palais-Royal, galerie de bois;
Et chez les Marchands de Nouveautés.

1820.

IMPRIMERIE DE P. DUPONT,
HOTEL DES FERMES.

AVERTISSEMENT.

J'ai supposé mes idées adoptées par douze Industriels du département de la Seine, et je les ai présentées, sous la forme de Circulaires écrites par eux, à tous les Français, entrepreneurs de travaux industriels.

SUR

LA LOI DES ÉLECTIONS.

CIRCULAIRE

DE DOUZE INDUSTRIELS

DU DÉPARTEMENT DE LA SEINE

A TOUS LES FRANÇAIS

Entrepreneurs de travaux industriels.

PREMIÈRE LETTRE.

Messieurs,

Quelles sont les conditions qui doivent être remplies par la loi des élections pour que cette loi soit la meilleure possible ?

Il est évident que la loi qui prescrirait le mode d'élection d'où il résulterait que l'impôt serait

toujours consenti par les citoyens les plus intéressés à le bien voter, et les plus capables de
bien juger les sommes nécessaires pour les ser-
vices publics, ainsi que le meilleur emploi à
faire des deniers nationaux, serait la meilleure
loi d'élection possible ; car aujourd'hui il est gé-
néralement reconnu que toute la politique est
renfermée dans le budget.

La première question que nous avons établie
se trouve donc ramenée à une seconde question
plus simple et plus facile à résoudre.

*Quels sont les citoyens les plus capables de
bien voter l'impôt, et dont l'intérêt personnel est
le plus en rapport avec les intérêts de la majorité
de la nation ?*

Il est évident que l'impôt serait le mieux voté
possible si ceux chargés de le voter remplissaient
les conditions suivantes :

1°. D'être personnellement les plus intéressés
à l'économie dans les dépenses publiques ;

2°. D'être les plus exposés à perdre leur fortune quand la tranquillité publique est troublée ;

3°. D'être les plus capables en administration.

Nos deux premières questions se trouvent donc converties en une troisième dont la solution est encore plus facile à trouver que celle des deux premières.

Quels sont les citoyens les plus capables en administration, les plus intéressés à l'économie dans les dépenses publiques, et les plus exposés quand la tranquillité sociale est troublée ?

Personne ne niera que les propriétés des industriels sont les plus exposées quand la tranquillité publique est troublée ; car, leurs propriétés étant mobilières, elles peuvent être facilement enlevées ou anéanties.

Tout le monde conviendra également que les industriels sont les citoyens les plus intéressés à l'économie dans les dépenses publiques ; car, leurs affaires exigeant de leur part une grande surveillance, ils ne peuvent point s'engager dans d'autres occupations ; et ils ne peuvent point par conséquent accepter de fonctions publiques lucratives, d'où il résulte que l'impôt ne peut jamais tourner à leur profit.

Enfin ce sont les industriels qui font preuve de la plus grande capacité en administration, puisque ce sont des capitaux qu'ils administrent, tandis que les autres administrateurs, tant publics que privés, n'administrent que des revenus.

Si nous ne nous abusons pas, Messieurs, il résulte de l'analyse que nous venons de vous présenter la preuve que les industriels sont plus capables de bien voter l'impôt que les autres citoyens, et qu'ils sont par conséquent aussi les plus capables de bien choisir ceux qui doivent le voter.

Il nous reste deux questions à examiner ; ces questions sont relatives à l'exécution.

Quels sont les industriels qui doivent composer le corps des électeurs ?

Il est évident que les chefs et entrepreneurs de travaux industriels, propriétaires de capitaux et possesseurs de mobiliers servant à la production, sont les seuls (je ne dis pas qui possèdent de la capacité en administration), mais ils sont certainement les seuls qui aient fait preuve publique de capacité dans ce genre : il en résulte qu'ils sont les seuls industriels qui doivent composer le corps des électeurs.

C'est aux législateurs à juger quel est le minimum d'importance de la fortune qu'un industriel doit avoir pour être appelé, sans inconvénient, à faire partie du corps électoral.

Quant à nous, nous serions portés à croire que d'une part les patentés, payant 150 francs de contribution, et que, d'une autre part, les agriculteurs, exploitant, avec un mobilier à eux appartenant, une charrue dans les pays à grains, ou ceux ayant des propriétés d'une valeur égale au mobilier nécessaire à l'exploitation d'une charrue de terres labourables, dans tout autre genre de culture, pourraient sans inconvénient être chargés du soin de nommer les députés.

Nous passons à la dernière question.

Quels sont les industriels qui doivent former le corps des éligibles ?

En industrie la richesse est en général preuve de capacité, de manière qu'on peut affirmer que la capacité administrative, qui est, ainsi que nous l'avons dit plus haut, essentiellement possédée par les industriels, est principalement concentrée chez les industriels les plus riches.

Ce sont donc les industriels les plus riches qui doivent composer le corps des éligibles, et nous serions d'avis que ce corps en France (où la population s'élève à environ trente millions d'individus) devrait se composer des trente mille plus riches industriels.

Il resterait aux législateurs à déterminer quelle est la proportion dans laquelle l'industrie agricole, commerciale et manufacturière devrait concourir à la formation de la Chambre.

Messieurs, si vous prenez la peine d'y réfléchir, vous resterez convaincus qu'il résulterait de l'adoption des idées que nous venons de vous exposer les trois effets suivans :

1°. La paisible possession de la royauté héréditaire serait complètement assurée à la dynastie actuelle ;

2°. Les propriétaires auraient la plus grande certitude possible que la Chambre prendrait toutes les précautions qui dépendraient d'elle pour que la tranquillité publique ne fût pas troublée ;

3°. Les ouvriers obtiendraient toujours la plus grande quantité de travail que la société puisse leur procurer ; car l'industrie serait poussée au plus haut degré d'activité.

Ainsi, Messieurs, le résultat général de la mise à exécution de nos idées serait la clôture définitive de la révolution par l'établissement d'un ordre social qui conviendrait également au Roi, aux riches et aux pauvres.

SECONDE LETTRE.

MESSIEURS,

Nous croyons avoir suffisamment établi dans notre Lettre précédente que la meilleure loi d'élection serait celle qui appellerait les industriels à composer exclusivement le corps des électeurs, celui des éligibles, et par conséquent la Chambre des Députés.

Nous allons examiner maintenant si les industriels peuvent raisonnablement entreprendre de faire adopter ce projet de loi.

Pour éclaircir cette question nous comparerons les moyens des industriels à ceux des anti-industriels, sous trois rapports, savoir, celui de la force physique, celui de la force intellectuelle, et celui de la force pécuniaire.

Force physique.

La nation française se compose de trente millions d'hommes ; cinq cent mille de ces individus vivent sans rien faire, ou ils s'occupent de choses inutiles, ou ce qui est encore plus fâcheux ; ils travaillent à des choses nuisibles à la société.

Ces cinq cent mille personnes , que nous appelons des anti-industriels, se composent des propriétaires oisifs et des fonctionnaires publics inutiles , de leurs valets et de leurs subordonnés.

Les autres vingt-neuf millions cinq cent mille Français sont occupés, ou désirent l'être, de travaux d'une utilité positive : ils forment la classe des industriels.

Ainsi les industriels forment les 59 soixantièmes de la nation ; ainsi les industriels possèdent 59 fois plus de forces physiques que les anti-industriels.

Force intellectuelle.

Le corps des industriels se compose des savans, des artistes et des artisans. Or, tout homme qui n'est, par état, ni savant, ni artiste, ni artisan, ne peut-être considéré (même quand il a de l'instruction et du talent) que comme un amateur. Donc les industriels possèdent les forces intellectuelles du premier ordre , et en effet ils sont investis de la capacité professorale ; tandis que les anti-industriels ne s'élèvent pas au-dessus d'une capacité secondaire.

Force pécuniaire.

Sous le rapport pécuniaire ce sont les industriels qui produisent les richesses de toutes les es-
pèces; ce sont eux seuls qui fournissent aux dépenses de l'état, tandis que les anti-industriels
ne sont que des consommateurs, que des dilapi-
dateurs des richesses produites par les industriels.
Ainsi les industriels sont les créateurs, et par
conséquent les premiers possesseurs de la force
pécuniaire.

RÉSUMÉ.

Si nous récapitulons l'examen comparatif que
nous venons de faire, nous trouverons:

Que les industriels possèdent 59 fois plus de
force physique que les anti-industriels.

Que les industriels possèdent toutes les capa-
cités intellectuelles de première ligne, et que les
anti-industriels ne s'élèvent pas dans ce genre au-
dessus de la capacité d'amateurs.

Enfin, nous trouvons que les industriels possèdent exclusivement la force pécuniaire.

CONCLUSION.

Ainsi nous sommes évidemment autorisés à conclure que les industriels possèdent tous les droits, et qu'ils sont nantis de tous les moyens nécessaires pour obtenir des pouvoirs constitués, que le mode d'élection dont nous avons parlé soit adopté par eux, et que notre projet soit converti en loi.

Mais, nous demandera-t-on,

Comment se fait-il que les industriels soient subordonnés aux anti-industriels; qu'ils soient gouvernés par eux, tandis qu'ils leur sont aussi supérieurs sous tous les rapports positifs?

A cela nous répondons d'abord:

Les anti-industriels sont organisés; ils sont en très-grande majorité dans la Chambre des Députés; ils occupent les places du Gouvernement; ils disposent du trésor national ainsi que de la force publique, tandis que les industriels sont isolés et subordonnés à des principes contraires à leurs intérêts; d'où il résulte que les forces physique, intellectuelle et pécuniaire des industriels se trouvent à la disposition des anti-industriels.

Nous répondons ensuite :

Les industriels possèdent les élémens de la force politique nécessaire pour faire adopter par les autorités constituées le projet de loi en question ; mais pour qu'ils puissent réussir dans cette entreprise il faut qu'ils combinent leurs moyens, il faut qu'ils unissent leurs efforts, il faut en un mot qu'ils s'organisent.

Les industriels peuvent-ils s'organiser d'une manière telle qu'ils forment une corporation, une puissance, un pouvoir politique ?

C'est ce que nous examinerons dans la Lettre suivante.

TROISIÈME LETTRE.

MESSIEURS,

Le temps est tellement précieux dans ce moment que ce serait un véritable délit politique de l'employer en raisonnemens. Nous sommes évidemment menacés des plus grands malheurs, puisque la discussion sur la loi des élections nous a prouvé que les fondemens du nouvel édifice social n'avaient point de solidité, et qu'elle nous a également démontré que le Gouvernement n'avait pas trouvé le moyen de remédier à ce vice de construction.

Ce ne sont point des paroles qui peuvent nous préserver des nouvelles révolutions qui se préparent; il faut mettre la main à l'œuvre; il faut que les industriels se montrent; il faut qu'ils se montrent en masse, et qu'ils se présentent comme obstacle aux divers projets des différens partis anti-industriels.

Ce ne sera donc point une discussion sur le meilleur mode d'organisation de la puissance

industrielle que nous allons vous présenter ; c'est
la tentative d'une association libre des membres
de la nation travaillante que nous vous annon-
çons.

Nous vous invitons, Messieurs, à seconder de
tous vos efforts l'entreprise à la tête de laquelle
nous nous mettons ; nous vous demandons d'u-
ser, en faveur de cette entreprise, de toute l'influence que votre position vous donne les moyens
d'exercer sur les coopérateurs de vos travaux.

Le succès de notre entreprise est assuré si
vous êtes animés du même zèle que nous ; car
nous sommes vingt-neuf millions cinq cent
mille hommes intéressés à la réussite du projet
que nous vous avons exposé ; car notre demande
est juste ; car elle est conforme aux intérêts de
la royauté, conforme aux intérêts de la maison
de Bourbon, à qui son admission assurerait la
paisible jouissance du trône héréditaire.

Nous vous déclarons, Messieurs,

1.° Que nous nous sommes associés pour sol-
liciter auprès des pouvoirs constitués l'adoption
du projet de loi d'élection que nous avons exposé
dans notre première Lettre ;

2.° Que nous nous sommes cotisés entre nous

pour fournir aux premières dépenses que cette affaire pourra occasionner, et que nous avons mis en caisse une somme de   pour cette destination.

Nous vous invitons,

1.° A nous accorder votre confiance, et à nous charger de votre procuration pour suivre cette affaire en votre nom.

2.° Nous vous prions d'obtenir des personnes employées dans vos entreprises une autorisation semblable.

Plus nous pourrons dépenser d'argent pour soutenir les droits résultant de notre capacité, plus nous serons assurés du succès de l'entreprise. En conséquence, nous ouvrons une souscription, et nous vous engageons,

1.° A souscrire et à faire souscrire vos associés chacun pour la somme de cinq francs ;

2.° A proposer aux personnes employées dans vos affaires de souscrire pour un franc, et aux ouvriers que vous occupez chacun pour dix centimes ;

3.° A faire verser cette somme dans la caisse que nous avons établie.

Cette souscription aura un autre avantage que

celui de donner les moyens de faire valoir les droits de l'industrie ; elle abrégera les formalités, attendu que tout souscripteur nous aura évidemment constitués ses agens.

Ce qui nous a déterminés, Messieurs, à nous constituer nous-mêmes vos agens, ce n'est point le sentiment de confiance dans notre capacité ; c'est celui de l'urgence des circonstances où nous nous trouvons ; cette urgence est telle que nous n'avions pas un moment à perdre ; que nous devions éviter tout tâtonnement ; en un mot que nous n'avions pas le temps de vous consulter. Au surplus l'emploi des fonds provenant de la souscription sera publié, et nous invitons instamment tout membre de l'industrie à nous aider de ses conseils,

Dans la Lettre suivante nous vous donnerons connaissance de la conduite générale que nous comptons tenir.

Dans celle d'après nous vous exposerons les moyens dont nous comptons user pour éviter les nouvelles secousses politiques dont nous sommes menacés.

Enfin, Messieurs, nous vous invitons à ne pas perdre de vue qu'il résulte de la faiblesse de la nature humaine qu'une entreprise nouvelle ne

peut être nettement conçue, et combinée avec
exactitude qu'après un commencement d'exécution; car l'expérience est la seule base solide
qu'il soit possible de donner à un projet, de
quelque nature qu'il soit.

QUATRIÈME LETTRE.

MESSIEURS,

Notre plan de conduite générale pour la direction de vos affaires politiques est renfermé dans ce peu de mots :

Unir les forces des savans à celles des artisans (1), pour faire concourir ces forces à l'amélioration générale du sort des industriels.

Pour atteindre ce but, nous emploîrions l'argent provenant de la souscription de la manière suivante :

Nous poserons toutes les questions dont l'éclaircissement nous paraîtra pouvoir contribuer à la prospérité de l'agriculture, des autres genres de fabrication et du commerce, et nous donnerons des prix considérables aux auteurs qui les auront le mieux traitées.

---

(1) Nous comprenons dans la classe des artisans tous ceux qui s'occupent de travaux manuels, soit qu'ils exécutent ou qu'ils dirigent ces travaux.

2

Ces questions seront de la nature suivante :

Quel serait le budget qui conviendrait le mieux à l'industrie ?

Quelle serait l'organisation du jury qui conviendrait le mieux à l'industrie ?

Quel serait le code civil qui conviendrait le mieux à l'industrie ?

Quel serait le code criminel qui conviendrait le mieux à l'industrie ?

Quelle serait l'organisation de la garde nationale qui conviendrait le mieux à l'industrie ?

Quel serait le plan d'éducation publique qui conviendrait le mieux à l'industrie ?

Messieurs, les circonstances nous pressent; nous n'avons pas le temps, aujourd'hui, de vous développer nos idées; mais nous nous engageons à vous faire connaître d'une manière détaillée le plan de conduite que nous suivrons, si vous répondez à l'appel que nous vous faisons.

Quant à présent, nous nous bornerons à vous annoncer, ainsi qu'au public, que sur la somme provenant de nos souscriptions personnelles, nous distribuerons trois prix aux auteurs qui auront le mieux démontré que les entrepreneurs de travaux industriels sont les plus capables de voter l'impôt, et que la meilleure loi d'élection possible est, par conséquent, celle qui compo-

serait le corps des électeurs et celui des éligibles
de citoyens occupés d'agriculture, de commerce
ou de fabrication.

Le premier prix sera de

Le second de

Le troisième de

Tous les ouvrages destinés au concours de-
vront être imprimés et publiés avant le 1.er jan-
vier prochain.

Les auteurs qui voudront concourir enver-
ront, avant cette époque, trois exemplaires chez
un de nous.

Les prix seront distribués le 1.er mars suivant.

P. S. Notre entreprise (comme vous voyez)
se divisera en deux branches. D'une part, nous
travaillerons à faire adopter le projet de loi d'é-
lection que nous vous avons proposé, et d'une
autre part, nous préparerons aux industriels qui
seront appelés à la Chambre des députés, les
moyens de s'acquitter honorablement de leur
mission. Nous allons, dans la Lettre suivante,
vous parler du moyen que nous comptons employer pour empêcher que le projet de loi d'élection actuellement en discussion soit admis.
Ainsi vous pouvez, Messieurs, considérer l'entreprise que nous vous proposons de seconder,
comme composée de trois parties.

CINQUIÈME LETTRE.

MESSIEURS,

C'est une institution admirable que la royauté constitutionnelle ; car elle investit le Roi de pouvoirs légaux suffisans pour remédier aux inconvéniens qui pourraient résulter d'une fausse direction prise par le Ministère ou par les Chambres.

L'institution qui investit tous les citoyens du droit de pétition n'est pas moins admirable, car il résulte de cette seconde institution que les citoyens peuvent toujours avertir le Roi et les Chambres des dangers auxquels le corps politique se trouve exposé.

Nous sommes persuadés, Messieurs, que l'admission du projet de loi des élections actuellement en discussion aurait les plus graves inconvéniens. Nous avons rédigé à ce sujet une adresse au Roi (nous la joignons à ces lettres). Il n'y a pas de doute que cette adresse fixera l'attention de S. M., si elle est approuvé par vous, par vos employés et par vos ouvriers ; car elle se trouvéra dans ce cas être l'expression du vœu de vingt-neuf millions cinq cent mille de ses sujets.

Nous vous prions, Messieurs, de nous faire parvenir votre réponse le plutôt possible. Ce sont surtout messieurs les Chefs des travaux industriels, domiciliés à Paris, que nous invitons à nous faire connaître promptement leurs intentions, ainsi que celles de leurs employés et ouvriers. Cela est d'autant plus important que notre adresse au Roi doit être présentée avant que le projet de loi des élections ait passé à la Chambre des Pairs, et que cela nous laisse fort peu de temps.

Adresse des Industriels au Roi.

SIRE,

Quand votre auguste frère a convoqué les États-Généraux, et qu'il nous a accordé une double représentation, nous aurions dû sentir toute la profondeur des vues qui l'avaient déterminé à augmenter l'influence des communes dans les affaires publiques; nous aurions dû seconder avec zèle ses glorieuses intentions; nous aurions dû enfin nous apercevoir que les travaux industriels étant le principal moyen de prospérité de la nation, devaient être regardés comme le

personnages les plus considérables de l'Etat,
comme les plus capables, et que c'étaient eux
par conséquent qui devaient voter l'impôt et
concourir avec Votre Majesté à la formation des
lois.

Il est certain que si les industriels s'étaient organisés à cette époque comme ils le font aujour-
d'hui, le malheureux Louis XVI n'aurait pas péri
sur l'échafaud; Robespierre n'aurait pas fait cou-
ler le sang des plus vertueux citoyens; Bonaparte
n'aurait pas sacrifié plusieurs millions de Français à son ambition; et l'Etat ne serait pas tour-
menté dans le moment actuel par la lutte exis-
tant entre l'ancienne et la nouvelle noblesse;
car les industriels organisés auraient formé une
puissance prépondérante qui aurait rendu im-
possible la formation des diverses factions qui
n'ont cessé de causer des troubles depuis 1789,

*Quelle a été la cause de l'erreur politique
que nous avons commise en restant isolés les
uns des autres, et en nous éloignant des affaires publiques ?*

Sire, nous allons vous dire avec toute fran-
chise ce qui nous a induits en erreur; mais nous
vous prions d'observer que cette explication exige
l'examen des principes et des faits généraux.

Les nations n'ont que deux moyens de s'enrichir, l'un est de prendre, l'autre de produire.

Quand une nation veut s'enrichir par le premier de ces moyens il faut qu'elle s'organise militairement, et dans ce cas les militaires doivent être considérés comme les pesonnages les plus considérables do l'Etat. Ce sont eux qui doivent entourer le trône ; ce sont eux qui doivent faire le budget.

Quand une nation veut s'enrichir par des travaux pacifiques, ce sont les producteurs qui doivent faire le budget.

Sire, voilà les principes politiques positifs; voyons maintenant les faits.

A l'origine de notre société actuelle les guerriers s'étaient partagé le territoire. Ils avaient réduit en esclavage les hommes livrés à des occupations pacifiques, ils les avaient attachés à la glèbe; ainsi à l'origine de notre société les militaires étaient exclusivement citoyens et propriétaires.

Cet état de choses primitif s'est continuellement modifié.

Les hommes occupés de travaux pacifiques étaient laborieux, économes et inventifs; ils sont venus à bout de soustraire à la rapacité de leurs maîtres une partie de ce qu'ils gagnaient.

Avec le pécule qu'ils s'étaient formé, ils se

sont d'abord rachetés ; ils ont ensuite continué
à travailler avec activité , et par des inventions
nouvelles : ils ont successivement agrandi le
cercle des jouissances de l'homme en perfec-
tionnant les moyens de satisfaire ses besoins.

Les guerriers pour se procurer les produits de
l'industrie ont vendu aux industriels une grande
partie de leurs propriétés mobilières et immobilières ; ils leur ont même vendu une partie
de leurs pouvoirs politiques.

Enfin les choses sont arrivées au point que les
hommes livrés à des travaux pacifiques , qui
avaient été primitivement dans l'esclavage, étaient
devenus une classe plus importante dans l'Etat ,
par leurs propriétés mobilières et immobilières ,
que ne l'étaient les guerriers.

Or , il a dû résulter de ce changement une révolution : parce que les industriels se sentant devenus la classe la plus importante, ont dû vouloir
et ont en effet voulu que la société fût réor-
ganisée dans leurs intérêts.

Voilà , Sire , quelle a été la cause principale
de la révolution. Nous allons examiner maintenant ce qui fait qu'elle s'est prolongée aussi long-
temps.

Depuis l'affranchissement des communes, il
s'était formé une classe intermédiaire entre les

guerriers et les industriels. Cette classe, qui était
devenue de plus en plus importante, se compo-
sait principalement des légistes, des métaphysi-
ciens, et des propriétaires qui n'étaient ni militaires, ni savans, ni artistes, ni artisans.

Cette classe s'est d'abord montrée très-ardente
pour nos intérêts; ce qui a fait que nous n'avons
pas cru nécessaire de nous occuper nous-mêmes
des affaires publiques; c'est ce qui a fait que nous
avons commis la faute dont nous nous accusons,
faute que nous cherchons à réparer.

Cette classe intermédiaire s'est emparée de la
révolution; elle a toujours été en majorité dans
la Chambre des communes; et le résultat de ses
travaux (qui ont constamment été les plus in-
fluens dans toutes les constitutions dont on a fait
l'essai depuis 1789) a été invariablement la production d'un ordre social bâtard, d'un ordre social qui n'a organisé fortement la nation ni pour
la conquête, ni pour la production.

Nous terminerons cet examen par quelques
considérations sur l'état présent des choses.

Sire, tout pouvoir qui n'émane pas du pouvoir
royal ne peut avoir d'autre source que celle des
élections; ainsi les divers partis politiques doivent faire tous leurs efforts pour obtenir la loi
d'élection qui peut leur être le plus favorable,

et la crise politique actuelle a évidemment pour cause la lutte entre deux partis qui tendent tous les deux à s'approprier les élections.

Quels sont les deux partis actuellement aux prises? Nous les désignerons sous le nom des anciens et des nouveaux nobles.

« Les idées préliminaires que nous avons pris la liberté d'exposer à Votre Majesté étaient néces-saires pour éclaircir celles sur lesquelles nous osons appeler son attention.

« *Dans le cas où les anciens nobles auront le dessus dans la discussion actuelle, qu'arrivera-t-il?*

« Il nous paraît vraisemblable que, peu de temps après que la loi d'élection favorable aux anciens nobles aura passé, la nouvelle noblesse fera éclater une révoulution contre eux, et nous présumons qu'elle aura l'avantage dans cette lutte, parce qu'elle sera bien certainement se-condée par la plus grande partie des personnes que Bonaparte a employée dans le civil ou le militaire.

Dans le cas où ce seraient les nouveaux nobles qui auraient l'avantage, qu'en résulterait-il?

Attendu que les nouveaux nobles ont une politique bâtarde, qui ne saurait convenir à l'industrie, les industriels finiraient nécessairement par les déposséder du droit qu'ils auraient obtenu de composer la majorité de la Chambre.

Ainsi, dans le premier cas, nous devons nous attendre à deux révolutions, et, dans le second, il y en aura une inévitable.

Est-il possible à Votre Majesté de nous préserver des malheurs dont nous sommes menacés?

Oui, Sire, cela vous est possible et même facile; vous y réussirez certainement si vous faites rejeter la loi d'élection actuellement en discussion, et si vous en faites présenter une qui soit favorable aux industriels; car les industriels, dans l'état actuel de la civilisation, forment le véritable parti national; ils composent les cinquante-neuf soixantièmes de vos sujets; ce sont eux qui produisent toutes les richesses de la France; ce sont eux qui l'ont illustrée par leurs travaux dans les sciences et dans les beaux-arts.